BEI GRIN MACHT SICH IHR WISSEN BEZAHLT

- Wir veröffentlichen Ihre Hausarbeit,
  Bachelor- und Masterarbeit

- Ihr eigenes eBook und Buch -
  weltweit in allen wichtigen Shops

- Verdienen Sie an jedem Verkauf

Jetzt bei www.GRIN.com hochladen
und kostenlos publizieren

Künstliche Intelligenz in der Supply Chain. Einsatzmöglichkeiten, Chancen und Herausforderungen

Thomas Schmidt

GRIN ☺

Bibliografische Information der Deutschen Nationalbibliothek:

Die Deutsche Nationalbibliothek verzeichnet diese Publikation in der Deutschen Nationalbibliografie; detaillierte bibliografische Daten sind im Internet über http://dnb.d-nb.de abrufbar.

ISBN: 9783346527882
Dieses Buch ist auch als E-Book erhältlich.

Druck und Bindung: Books on Demand GmbH, Norderstedt Germany
Gedruckt auf säurefreiem Papier aus verantwortungsvollen Quellen

Das vorliegende Werk wurde sorgfältig erarbeitet. Dennoch übernehmen Autoren und Verlag für die Richtigkeit von Angaben, Hinweisen, Links und Ratschlägen sowie eventuelle Druckfehler keine Haftung.

Das Buch bei GRIN: https://www.grin.com/document/1141998

Fakultät Wirtschaft

Studiengang Betriebswirtschaft

STUDIENARBEIT

Im Modul Fallstudien im Produktions- und Logistikbereich

„Einsatzmöglichkeiten Künstlicher Intelligenz in der Supply Chain"

Autor/in

Thomas Schmidt

Ort, Abgabetermin

Ansbach, 30.12.2020

I. Inhaltsverzeichnis

II. Abbildungsverzeichnis

III. Abkürzungsverzeichnis

Ebd.	Ebenda
ERP	Enterprise-Resource-Planning
Et al.	Und weitere
Ff	fortfolgende Seite
IoT	Internet of Things
IP	Internet Protocol
IT	Informationstechnik
K.I.	Künstliche Intelligenz
S.	Seite
SC	Supply Chain
SCM	Supply Chain Management
Vgl.	Vergleiche

1. Einleitung

Anlässlich der immer weiter fortschreitenden, technologiebasierten und wirtschaftlichen Entwicklung der Künstlichen Intelligenz wird der Alltag vieler Unternehmen stark von Umstrukturierung und Weiterentwicklung geprägt. Die daraus resultierende globalisierte und vernetzte Wertschöpfung zwingt alle Teilnehmer dazu, sich die dynamisch verändernden technologischen Errungenschaften anzueignen und diese auf Ihre Supply Chain zu übertragen, um somit Wettbewerbsvorteile zu generieren.[1]

Durch die derzeitigen Möglichkeiten der Informations- und Umsetzungsgeschwindigkeit, die Industrie 4.0 innerhalb der modernen Supply Chain bietet, werden Potentiale, wie autonome Transportfahrzeuge sowie eine hohe Informationstransparenz für Unternehmen und deren Wertschöpfungskette realisierbar. Um diese Potentiale voll ausschöpfen zu können ist eine hohe Datenverfügbarkeit und Informationstransparenz von fundamentalem Wert.[2] Durch diese „sind die Akteure innerhalb der Supply Chain dazu in der Lage, den Produktionsfortschritt nach Bedarf in Echtzeit zu verfolgen, Engpässe und Störungen zu antizipieren und den Wertschöpfungsprozess effizienter zu gestalten. Lieferverzögerungen können dadurch reduziert und die Ressourceneinsatzplanung optimiert werden. Solche Potentiale können nur durch eine IT-seitig hoch vernetzte und harmonisierte (digitale) und dadurch letztlich transparente Supply Chain umgesetzt werden.“[3] Infolge des zunehmenden Konkurrenzkampfes im Markt ist es für die Lieferantenkette essentiell, die bereits genannten Potentiale und den Fortschritt von Künstlicher Intelligenz optimal zu nutzen, um den Fortbestand im Wettbewerb sicherzustellen und diesen weiter auszubauen.[4]

---

[1] Vgl. Voß (2020), S.18
[2] Vgl. ebd., S.18
[3] Voß (2020), S.18
[4] Vgl. Voß (2020), S.18

Es stellen sich Fragen, wie *was kann eine Künstliche Intelligenz?* Oder *wird Künstliche Intelligenz ein essentieller Bestandteil für die Wirtschaft in den nächsten Jahrzehnten mit sich bringen?* Die vorliegende wissenschaftliche Arbeit beleuchtet zunächst die Grundlagen des Supply Chain Managements. Im Anschluss wird das Thema Künstliche Intelligenz (im Folgenden auch K.I. genannt) näher untersucht. Daraufhin werden einige Einsatzmöglichkeiten der K.I. in der Supply Chain sowie deren Herausforderungen und Zukunftspotentiale deklariert. Eine abschließende Zusammenfassung sowie das Fazit runden diese Arbeit schließlich ab.

2. Supply Chain Management

Das nachfolgende Kapitel gewährt einen Überblick über das Thema Supply Chain Management. Zu Anfang wird der Begriff und die Entwicklung des Supply Chain Management näher erläutert. Anschließend werden das Prinzip und die Ziele des Supply Chain Managements betrachtet.

2.1. Der Begriff Supply Chain Management

„Wörtlich übersetzt heißt ‚Supply Chain' Versorgungs- oder Lieferkette."[5] Aufgrund der großen definitorischen Vielfalt an Begriffserklärungen gibt es keine einheitliche Definition, jedoch beschreiben alle Definitionen einen ähnlichen Standpunkt: Das Supply Chain Management befasst sich mit der Betrachtung und Koordination der gesamten Prozesskette sowie der vollständigen Lieferantenkette über alle Transport- und Lagerstufen bis hin zum Endkunden hinweg. Man kann somit sagen, eine Supply Chain stellt die gesamte unternehmensübergreifende Wertschöpfungskette dar.[6]

---

[5] Beckmann (2004), S. 1
[6] Vgl. Bertagnolli (2018), S. 291

Kaum eine andere Branche hat sich in den letzten Jahrzehnten so dramatisch gewandelt, wie die der Logistik. Dies zeigen die immer komplexer werdenden Lieferantennetzwerke und die stetig steigende Dezentralisation auf. Jedoch entsteht hierbei ein hoher Koordinationsaufwand sowie die daraus hervorgehenden Kosten. Die Aufgabe des SCM gilt hierbei der Optimierung dieses Aufwandes.[7] Weiterhin zählen der Abbau von Lagerbeständen, eine bessere Kapazitätsauslastung, eine Prozessstandardisierung und eine Liefer- und Durchlaufzeitverkürzung sowie die Erhöhung der Termintreue mitunter zu den wichtigsten Zielen von Supply Chain Management.[8]

Wie wichtig es ist SCM zu nutzen, zeigt einer der wichtigsten Aspekte auf, der Bullwhip-Effekt, auch Peitscheneffekt genannt. Dieses Phänomen zeigt entlang einer mehrstufigen Lieferantenkette die Schwankungen der Nachfrage auf. Dabei ist zu beobachten, dass die dynamischen Veränderungen der Endkundennachfrage umso stärker werden, je weiter man auf der Supply Chain in Richtung der Hersteller, der Güter, wandert. Bereits geringe Abweichungen der Konsumentennachfrage kann zu beträchtlichen Abweichungen der Nachfrage bei den Produzierenden Betrieben verursachen. Dadurch entsteht eine höhere Nachfrage Volatilität.

Die Ursache dieses Effektes lässt sich auf mangelnde und zeitverzögerte Kommunikation zwischen den einzelnen Stufen zurückführen. Der Blick der einzelnen Akteure der Supply Chain richtet sich hierbei nicht auf die ganze Lieferkette. Als Nachfragereferenz wird hier nicht der Bedarf des Endkunden genommen, sondern der des Vorgängers. Daraus resultiert, dass eine geringe steigende Endnachfrage über alle Stufen der Supply Chain hinweg, die Bestellmenge und somit auch die Lagerbestände exponentiell wächst.[9]

---

[7] Vgl. Muchna, et al. (2018), S.18
[8] Vgl. Bertagnolli (2018), S. 291
[9] Vgl. Muchna, et al. (2018), S.19

Man kann also sagen, dass der Bullwhip-Effekt eine verzerrte Wahrnehmung der Nachfrage beschreibt. Mithilfe von enger Kooperation der einzelnen Teilnehmer der Supply Chain, unternehmensübergreifenden Informationssystemen und der daraus resultierenden Datentransparenz, kann diesem Effekt entgegengewirkt werden.[10]

Wie in diesem Abschnitt zu erkennen ist, versucht die Supply-Chain in harmonisierter Zusammenarbeit ein Optimum an Kosteneinsparung und Vermeidung von Verschwendung im ganzen Wertschöpfungsnetzwerk zu generieren.[11] Die anschließende Abbildung zeigt eine beispielhafte Darstellung einer Supply Chain visuell auf.

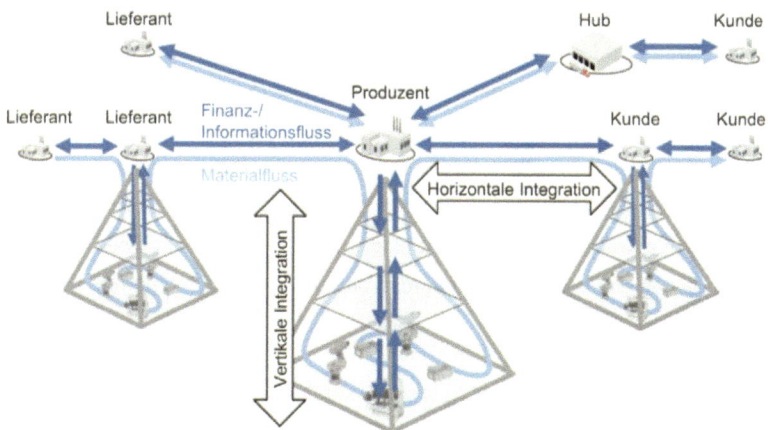

Abbildung 1: Idealtypische Darstellung einer Supply Chain

Quelle: Voß, (2020), S. 20.

---

[10] Vgl. Muchna, et al. (2018), S.19
[11] Vgl. Bertagnolli (2018), S. 291

2.2. Digitale Supply Chain

Der rasante Wandel der Arbeitsumwelt aufgrund von Digitalisierung und der immer schneller voranschreitenden Technologien ist unaufhaltbar und omnipräsent zugleich. Dies betrifft auch den Bereich der Logistik. Doch damit die Anpassung für den digitalen Wandel vollziehbar ist und, um Künstliche Intelligenz verwenden zu können, müssen die technischen Anforderungen an den aktuellen IT-Standard erfüllt werden. Weiterhin ist es unabdingbar, die komplexen logistischen Prozesse zu digitalisieren.[12] Dies geschieht über Mensch-Maschinen-Schnittstellen auch IoT-Schnittstellen genannt. Mit IoT oder Internet of Things, ist im Allgemeinen die Vernetzung von Gegenständen per Internet gemeint. Jedes Gerät oder Maschine ist über Sensoren mittels einer eindeutigen IP-Adresse im Netzwerk gekennzeichnet und mit den zentralen Steuerungen und K.I.-Systemen vernetzt. In diesem ganzheitlichen und autonomen Netzwerk sind die Smart Devices nun in der Lage, über das Internet ihre Aufgaben voll automatisiert auszuführen.[13] Dank IoT-Schnittstellen ist es möglich, alle Prozesse der Supply Chain, in Echtzeit, transparent abzubilden. Ohne diese essentielle Technologie grenzt die Einbindung des Informationsflusses nahezu an das Unmögliche, aufgrund der exorbitanten Datengröße der Informationen.

Keine Branche in der heutigen Zeit kann lange ohne den Trend zur Digitalisierung überleben. Damit so viele Daten wie möglich in Echtzeit in der Supply Chain vorhanden sind, ist es wichtig, dass alle Unternehmen der eigenen Lieferkette ihre Prozesse digitalisieren und automatisieren. Auf der einen Seite wird so die Transparenz erhöht und zum anderen erhöht dies die Flexibilität und beispielsweise die Verbesserung und Erleichterung von Nachfrageprognosen, wodurch der Bullwhip reduziert beziehungsweise eliminiert wird. Damit diese strategische Aufgabe vom Management erfolgreich durchgeführt werden kann, müssen alle Beteiligten der Supply Chain informiert und sensibilisiert werden. Nur wenn das neue Geschäftsmodell von allen umgesetzt wird, kann ein Erfolg im essentiellen Ausmaß erfolgen.[14]

---

[12] Vgl. Voß (2020), S.71
[13] Vgl. Cole (2020), S.56
[14] Vgl. Voß (2020), S.71

3. Künstliche Intelligenz

Künstliche Intelligenz - kein anderer Begriff ist heutzutage so stark verbreitet wie dieser, man kann sogar sagen, er ist gerade jetzt im digitalen Zeitalter fast omnipräsent. Doch was ist eigentlich Künstliche Intelligenz? Dieser Teil der Arbeit gewährt Einblicke in das Thema der Künstlichen Intelligenz beziehungsweise Artificial Intelligence. Zuallererst wird die Idee hinter der Künstlichen Intelligenz beleuchtet und die Zusammenhänge zwischen Künstlicher Intelligenz, maschinellem Lernen und mehrschichtigem Lernen definiert und abgegrenzt. Anschließend werden die Einsatzmöglichkeiten der K.I. in der Supply Chain betrachtet.

3.1. Was ist K.I.?

„Künstliche Intelligenz ist der Überbegriff für Anwendungen, bei denen Maschinen menschenähnliche Intelligenzleistungen erbringen."[15] Im Allgemeinen wird K.I. gezielt in bestimmten Bereichen eingesetzt, wie beispielsweise als Chatbot, Gesichtserkennung in Smartphones oder als Sprachassistent in Form von beispielsweise Siri oder Alexa. Aufgrund der rapiden Entwicklung von Hardware und produzierten Datenbergen ist es gelungen eine exponentiell wachsende Entwicklung von Machine- und Deep Learning zu generieren, die bis heute als Eckpfeiler der Künstlichen Intelligenz gelten.[16] Maschinelles Lernen ist ein Teilbereich von Artificial Intelligence. Hier lernt der Algorithmus basierend auf Erfahrungen oder anhand von Mustern. Deep Learning dagegen ist ein Teilgebiet des Machine Learnings und basiert auf künstlichen neuronalen Netzen.

---

[15] Schick (2018)
[16] Vgl. Wennker (2020), S.V

Die nachfolgende Darstellung zeigt die Abgrenzungen von Künstlicher Intelligenz, Maschinellem Lernen und Deep Learning nochmals visuell auf. In den nachfolgenden Passus werden diese näher deklariert.

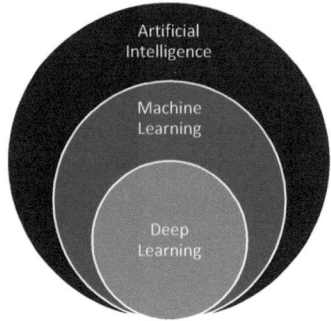

Abbildung 2: Abgrenzung von A.I., Machine Learning und Deep Learning

Quelle: Eigene Darstellung in Anlehnung an Ortiz, (2020).

3.2. Machine Learning (Maschinelles Lernen)

Die Quintessenz für intelligente Systeme ist das maschinelle Lernen. Dazu werden analytische Algorithmen eingesetzt um abhängig von einem vorhandenen Input einen bestimmten Output zu berechnen. Prinzipiell ist zu sagen, dass nach Klassifikationen und Charakteristiken in den Daten gefiltert wird. Nimmt man beispielsweise das Erkennen von verschiedenen Tierarten auf Bildern, so ist es nicht mehr notwendig, dass der Programmierer im Quellcode explizit angibt, welche Charakteristiken ein Tier hat (Beispiel: Ein Hund hat vier Beine und vier Pfoten, zwei Augen und eine Schnauze).[17] „Vielmehr wird der Algorithmus mit vielen unterschiedlichen Tierfotos trainiert, anhand derer er selbstständig erlernt, wie die jeweiligen Tiere aussehen und sich von anderen Tieren unterscheiden."[18] Grundsätzlich lässt sich Machine Learning in die verschiedenen Teilbereiche Supervised Learning (Überwachtes Lernen), Unsupervised Learning (Unüberwachtes Lernen) und Reinforcement Learning (Verstärkendes Lernen) untergliedern.[19] Diese werden im Nachgang näher erläutert.

---

[17] Vgl. Buxmann und Schmidt (2019), S.8
[18] Buxmann und Schmidt (2019), S.8
[19] Vgl. Wennker (2020), S.12ff

3.2.1. Supervised Learning (Überwachtes Lernen)

Wie im zuvor erwähnten Beispiel beschrieben gehört das Erkennen und unterscheiden von diversen Tierarten anhand spezifischer Ausprägungen zur Kategorie des überwachten Lernens. Der Algorithmus wird mit vielen Beispielen dieser Art trainiert. Die größte Hürde hierbei ist jedoch auf Daten erstklassiger Güte zurückgreifen zu können, um Fehler im vor Feld auszuschließen.[20]

Bestimmte Sachverhalte lassen sich aus unergründlichen Dingen von Menschen schlecht, beziehungsweise nicht richtig erläutern.

Dies stellt insofern ein Problem dar, sobald dies von Entwicklern als Code programmiert werden muss. Dies lässt sich auf das Polanyi-Paradoxon zurückführen, welches vom Philosophen Michael Polanyi benannt wurde.[21] „We know more than we can tell" (Polanyi, 1966). Dieses Phänomen lässt sich anhand der nachfolgenden Abbildungen sehr gut demonstrieren.

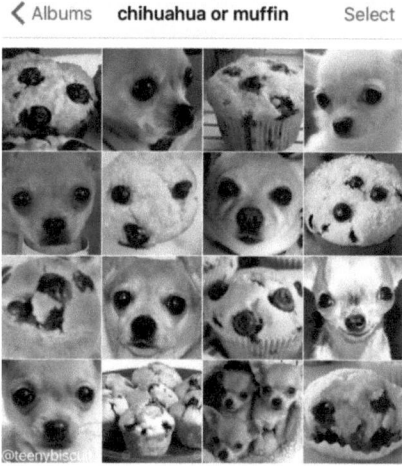

Abbildung 4: Shiba or Marshmallow?
Quelle: Zack, (2016a).

Abbildung 3: Chihuahua or Muffin?
Quelle: Zack, (2016b).

---

[20] Vgl. Wennker (2020), S.13
[21] Vgl. Buxmann und Schmidt (2019), S.8

Selbstredend ist für den Menschen auf den ersten Blick ersichtlich, hinter welchem Bild sich das süße Naschwerk und hinter welchem sich das Tier versteckt. Doch dies näher zu definieren, aus welchem Grund, welches Bild, wie zu kategorisieren ist, grenzt nicht an Trivialität.[22] Damit es dem Algorithmus möglich ist, die Bilder richtig zu klassifizieren, müssen diese Daten mit zusätzlichen Informationen versehen werden, ob es sich um einen Hund oder Süßigkeit handelt, sogenannte Label. Basierend darauf kann der Algorithmus ein Modell erlernen um diese eigenständig zu differenzieren.[23] Anhand des übertragenden Beispiels wie Kinder aus Erfahrung lernen, kann man dies vereinfacht darstellen. Normalerweise wird einem Kind von seinen Eltern erklärt, ob es sich bei dem Tier um einen Hund oder eine Katze handelt.

Das Kind speichert die Information im Gehirn ab. Kommt hier neuer Informationsinput hinzu, dass Katzen beispielsweise spitze Ohren und Hunde ein dickeres Fell haben, festigt sich implizit das mentale Modell des Kindes. Trifft das Kind im späteren Alter auf neue Hunde oder Katzenarten, kann aufgrund eines Wissenstransfers, das gelernte Modell eigenständig angewendet werden. Trivialisiert ausgedrückt, kann man sich so Maschinelles Lernen erklären, nur das im Falle des Machine Learning, diese Aufgabe nicht das Gehirn, sondern ein Algorithmus übernimmt.

3.2.2. Unsupervised Learning (Unüberwachtes Lernen)

Der zweite Teilbereich von Maschinellem Lernen befasst das unüberwachte Lernen. Damit die Datensätze im Unsupervised Learning richtig kategorisiert und klassifiziert werden können, ist hierfür nicht wie beim Supervised Learning ein Dateninput, das Label, von extern erforderlich, da der Algorithmus diese Aufgabe selbst übernimmt. Dies ist auch das wesentliche Unterscheidungskriterium von überwachtem und unüberwachtem Lernen. Mithilfe von Cluster-Analysen wird nach bestimmten Mustern in den bereits existierenden Datensätzen gefiltert. Anschließend werden diese eigenständig segmentiert, klassifiziert und schlussendlich gruppiert. Der Algorithmus entscheidet selbstständig, wie die Daten kategorisiert und klassifiziert werden. Somit können, wenn man sich auf das im Vorfeld genannte Beispiel bezieht, die Tiere nicht nur nach Tierart, sondern beispielsweise ebenso nach Rasse oder Größe kategorisiert und gegliedert werden. Als Cluster elaboriert man verschiedene Datenpunkte, welche aufgrund von gleichartigen Merkmalen zu einer Gruppe zusammengefasst werden.[24]

---

[22] Vgl. Buxmann und Schmidt (2019), S.8
[23] Vgl. Wennker (2020), S.14ff
[24] Vgl. ebd., S.15

3.2.3. Reinforcement Learning (Verstärkendes Lernen)

Der dritte Bestandteil von Machine Learning ist das sogenannte Reinforcement Learning oder auch Verstärkendes Lernen genannt. Bei diesem Verfahren wird ein Ziel vorgegeben, doch das System muss selbst eine optimale Strategie entwickeln, dieses Ziel zu erreichen.[25] Somit ist die Abgrenzung zu Supervised und Unsupervised Learning, dass hierbei komplett auf vorab Daten verzichtet wird. „Grundlage ist eine zu maximierende Anreiz- oder Belohnungsfunktion."[26] Je nach getätigter Aktion, bekommt das System basierend auf dem Anreizsystem, ein positives oder ein negatives Feedback. Anhand dieser Rückmeldung passt der Algorithmus die Art und Weise seines weiteren Vorgehens entsprechend an.

3.2.4. Deep Learning

Deep Learning ist ein Teilbereich Maschine Learning und somit ebenfalls ein Bereich der Künstlichen Intelligenz. Die Grundlage hierfür bilden Künstliche Neuronale Netze. Die Denkweise zur Entwicklung von Künstlichen Neuronalen Netzen hierfür ist, einen Algorithmus zu generieren, welcher ein abstrahiertes Modell des menschlichen Gehirns darstellt.[27] Dabei werden die biologischen Neuronen von den künstlichen Neuronen imitiert.[28] Diese künstlichen Netzwerke bestehen aus einer Vielzahl an Schichten aus künstlichen Neuronen, welche es möglich machen, unstrukturierte Daten zu bearbeiten. Dadurch ist es möglich hochkomplexe Aufgaben, ohne menschliche Hilfe zu lösen. Während des Lernvorgangs, werden die Werte an den Schnittstellen der verschiedenen Schichten, solange angepasst, bis das bestmöglichste Ergebnis erzielt wird. Anhand dessen, kann der Algorithmus, in den Schichten selbst, komplexe Modelle aus den Rohdaten generieren und somit Muster beziehungsweise Zusammenhänge erkennen und erlernen.[29] So ist es möglich, basierend dieser Verbindung die bestmöglichsten Entscheidungen auszuwählen, ohne dass der Mensch in den Entscheidungsprozess involviert ist.

---

[25] Vgl. Wennker (2020), S.16
[26] Buxmann und Schmidt (2019), S.11
[27] Vgl. Buxmann und Schmidt (2019), S.12
[28] Vgl. Wennker (2020), S.18ff
[29] Vgl. Döbel, et al. (2018), S.11

4. Einsatzmöglichkeiten

Wie bereits in den vorherigen Abschnitten erläutert, ist Künstliche Intelligenz und somit auch deren Einsatzmöglichkeiten in der Arbeitsumwelt, auf dem Vormarsch. Aufgrund immer neuerer Entwicklungen und Umsetzungen in allen Lebenslagen, ist es möglich K.I. in den Arbeitsalltag zu integrieren und somit die Wertschöpfung exponentiell zu erhöhen. Aufgrund dessen, dass viele Arbeitsabläufe automatisiert und somit schneller abgeschlossen werden können, herrscht ein höheres Potential zur Wertschöpfung. Das nachfolgende Kapitel befasst sich mit den Einsatzmöglichkeiten Künstlicher Intelligenz im Bereich des Supply Chain Managements.

4.1. Nachfrageprognose

Einer der wichtigsten Punkte im Supply Chain Management ist die Nachfrageprognose. Vor allen in Zeiten der Digitalisierung, in denen ein Großteil aller Bestellungen über das Internet verlaufen. Ist ein Produkt bei einem Händler nicht verfügbar, reicht ein Klick, um dasselbe Gut bei einem anderen Anbieter zu erwerben. Somit ist zu sagen, dass eine korrekte Prognose über den Bedarf und die Nachfrage der Kunden einen unverzüglichen Effekt auf den Umsatz, Rentabilität und den Gewinn des Unternehmens hat.

Da die Kundennachfrage oft von vielen diversen Faktoren wie beispielsweise Saisonalität, Trend aber auch persönlichen Faktoren abhängig ist, zeugt dies nicht von Banalität, Prognosen mithilfe verschiedener Methoden in der Praxis umzusetzen.[30]

Hier kommt der Faktor K.I. ins Spiel. Wie bereits im Vorfeld erläutert, kann ein Algorithmus, bei Maschinellem Lernen, von historischen Daten lernen, um damit präzise Prognosen zu generieren. Die historischen Daten werden dank der stetig zunehmenden Vernetzung über IoT-Schnittstellen in das System eingebunden.[31] Damit hierbei jedoch eine hochwertige Güte der Prognose erzielt werden kann, ist es unabdingbar, dass eine bestimmte Menge und Qualität der Daten vorliegen muss. Für Bedarfsprognosen ist dies beispielsweise sinnvoll Daten zu nutzen, die dem Absatz nahestehen. Daraus kann eine optimale Bestimmung der Lagerbestände resultieren, um dadurch zusätzliche Bestände zu vermeiden.[32]

---

[30] Vgl. Wennker, (2020), S.120
[31] Vgl. Wennker (2020), S.120
[32] Vgl. Moroff, (2020)

Der Großhändler Amazon bietet neben diversen Produkten auf seiner Handelsplattform, auch Lösungen basierend auf Maschinellem Lernen an. Amazon Forecast zur Erstellung präziser Prognosen basiert auf dieser Technologie.

Um zukünftige Key Performance Indicator (im nachfolgenden KPI genannt) wie beispielsweise für Produktnachfrage oder Ressourcenplanung konkret vorherzusagen, nutzt Amazon Forecast historische Daten. Die Prämisse hierbei ist jedoch, dass die Zukunft durch die Vergangenheit erzwungen ist. Probleme können hierbei auftreten, sobald die Datensätze viele unregelmäßige Trends darlegen.[33]

Das nachfolgende Schaubild zeigt die Funktionsweise von Amazon Forecast auf.

Diese Abbildung wurde aus urheberrechtlichen Gründen von der Redaktion entfernt.

Abbildung 5: Amazon Forecast Funktionsweise

Quelle: AWS Amazon, (o.J.).

---

[33] Vgl. AWS Amazon, (o.J.)

4.2. Fulfillment

Im Fulfillment werden alle Aktivitäten der Auftragsabwicklung zusammengefasst. Von der Bestellannahme über Kommissionierung bis hin zu dem Punkt der Verpackung und Versand der Ware an den Endkunden sowie das Retourenmanagement. Auch vor dem Bereich des Fulfillments macht der voranschreitende Einzug der Digitalisierung nicht halt. Alle Abwicklungen werden in einem sogenanntem Enterprise-Resource-Planning System kurz ERP System digital verarbeitet. Somit kann ein effizienter, reibungsloser und transparenter Informationsfluss gegeben werden, da alle Daten digital vorhanden sind.[34]

Dass auch in diesem Bereich Künstliche Intelligenz nicht fehl am Platz ist, beweist der deutsche Online-Versandhändler Zalando. Dieser nutzt seit 2018 in Kooperation mit dem Robotik-Unternehmen Magazino die sogenannten TORU-Roboter.[35] Der Roboter ist dafür ausgelegt, den Mitarbeiter bei nicht ergonomischen Arbeitsschritten zu unterstützen. Oft liegen Produkte an Stellen, die für den Mitarbeiter nur schwer zu erreichen oder nur durch nicht ergonomische Bewegungen zugänglich sind.

Dank intelligenter Kameratechniken ist es TORU möglich, die benötigten Produkte im Logistikzentrum exakt zu lokalisieren. Mithilfe eines integrierten Saugnapfes, gelangt er an die höchsten und niedrigsten Regalebenen. Hat der Roboter das richtige Objekt mit seinem Saugnapf erfasst, verstaut er dieses in seinem integrierten Rucksack bevor er im Anschluss das Produkt an den Übergabestationen ablegt. Damit es auf dem Weg zu den Übergabestationen zu keinen Unfällen mit Mitarbeitern kommt, kann der Roboter mit seinen verbauten Kameras Menschen erkennen.

Sobald die Kamera einen Mitarbeiter erblickt, bleibt der Roboter augenblicklich stehen und wartet entsprechend ab, bevor dieser seinen Weg fortsetzt.[36]

---

[34] Vgl. Schuster, (2018)
[35] Vgl. Zalando, (2019)
[36] Vgl. Zalando, (2019)

4.3. Optimierung der Routenplanung

Ein weiterer Bereich, der in der künstlichen Intelligenz immer wichtiger wird, ist die Routenplanung und deren Optimierung. Zeitgenaue Belieferung und die Vermeidung von Leerfahrten stellen eine dauerhafte Anforderung im Bereich des Flottenmangement von Speditionen dar. Ein zentraler Faktor von Logistikunternehmen ist eine effiziente Routenplanung. Damit Just-In-Time Lieferungen und die Vermeidung von Leerfahrten gewährleistet werden können, ist es unabdingbar die Routenplanung zu optimieren. Mithilfe von Künstlicher Intelligenz ist es möglich eine dynamische Routenplanung zu erstellen.

Greenplan, ein von DHL finanziertes Start-Up-Unternehmen, stellte einen solchen Algorithmus zur Optimierung von Zustellrouten vor. Der Algorithmus, der von DHL-Logistikexperten in Kooperation mit Wissenschaftlern der Universität Bonn entwickelt wurde, nutzt alle verfügbaren Informationen, wie beispielsweise Zustellort und Zustellzeit, um im gesamten Zustellbereich alle Transportrouten so effizient wie möglich zu gestalten. Hierfür werden für die Routenberechnung historische Verkehrsmuster, die auf der Straßenebene verfügbar sind analysiert und ausgewertet. Der Anbieter verspricht, dass somit bis zu 20 Prozent der Kosten im Verhältnis mit einer anderen Routenoptimierungssoftware eingespart werden kann, da dank der intelligenten Planung weniger Strecke absolviert werden muss.[37]

---

[37] Vgl. Meitinger, (2020)

4.4. Autonome Vehikel

Autonome Vehikel - dieser Begriff beschreibt zumeist selbstfahrende Fahrzeuge oder Transportsysteme, die sich zielgerichtet ohne menschlichen Eingriff fortbewegen können. Dank der fortschrittlichen Sensorik in den Fahrzeugen sind autonome Vehikel kein Zukunftsgedanke mehr. Mit Hilfe von Radarsensoren kann in Echtzeit der Abstand des eigenen Fahrzeuges, mit dem Abstand anderer Verkehrsteilnehmern in der Umgebung überprüft werden. Zusätzliche Videokameras welche um das Fahrzeug verteilt sind, unterstützen bei Erkennung von Verkehrszeichen und Passanten, indem sie reale Bilder liefern. Beschleunigungssensoren unterstützen hierbei bei Ermittlung der Geschwindigkeit und der richtigen Fahrtrichtung. Damit das Fahrzeug entsprechend autonom reagieren kann, ist die Sensorik dank IoT-Schnittstellen untereinander mit der Software verbunden und ist somit in der Lage im Ernstfall selbstständig zu bremsen oder Hindernissen auszuweichen.[38]

Den größten Nutzen von autonomen Vehikeln hat der Bereich des Güterverkehrs der Logistik.[39] „Das Beratungsunternehmen McKinsey geht davon aus, dass vollautonome Lkw die Kosten für Logistik um 45% sinken würden."[40] Aufgrund der hohen Nachfrage an qualifizierten Fernkraftfahrer ist es keine Seltenheit, dass oftmals längere Fahrten ohne Pause in Kauf genommen werden. Das Unfallpotential steigt aufgrund solcher Maßnahmen wie beispielsweise, von Übermüdung somit drastisch an. Jedoch besteht weiterhin Fragen, wie sicher sind autonome Fahrzeuge oder wie weit ist die Technologie in diesem Bereich? Technische Fragen, wie zum Beispiel bezüglich des Einflusses von K.I. in der Entwicklung autonomer Fahrzeuge sind hingegen einfacher zu beantworten.[41]

---

[38] Vgl. ADAC, (2020)
[39] Vgl. Wennker (2020), S.126
[40] Wennker (2020), S.126
[41] Vgl. Wennker (2020), S.126

Der Automatisierungsgrad eines Fahrzeuges kann in sechs Stufen unterteilt werden, welche in der nachfolgenden Grafik dargestellt wird.

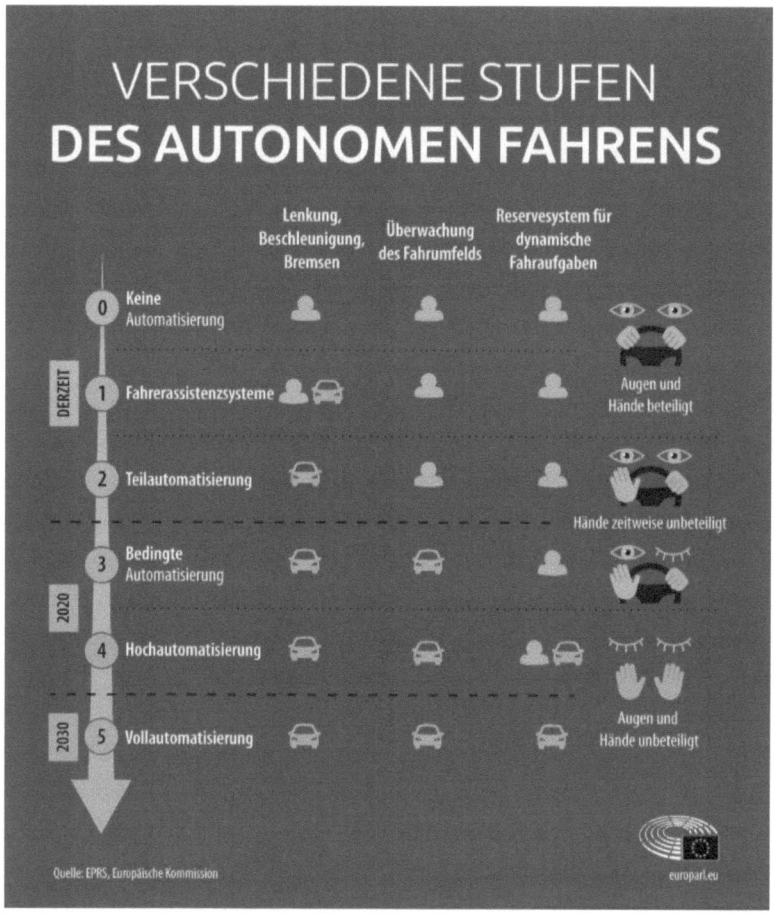

Abbildung 6: Verschiedene Stufen des autonomen Fahrens

Quelle: Europäisches Parlament, (2019)

5. Chancen und Risiken der K.I. in der Supply Chain

Künstliche Intelligenz ist in der heutigen Zeit kaum wegzudenken. Die folgenden Abschnitte zeigen die Chancen und Risiken der Künstlichen Intelligenz in der Supply Chain auf.

5.1. Chancen

Kein anderer Trend bietet in der heutigen Zeit ein so großes Potential wie Künstliche Intelligenz. Das hohe Potential basiert in erster Linie auf Innovationen, welche Unternehmen dabei unterstützen einen strategischen Vorteil gegenüber dem Wettbewerb zu generieren. Dies äußert sich beispielsweise anhand von effizienten und schnellen Auswertungen großer Datensätze in Bezug auf Big Data, wodurch komplexe Aufgaben rasant und dennoch präzise ausgeführt werden können.

Hinzu kommen genaue und valide Prognosen, die den Produktivitätsfortschritt auf dem aktuellen Stand halten. Dies gilt insbesondere für die Entwicklungen von Lagerbeständen, Bestellungen, Lieferungen und Bedarfe. Beispielsweise kann mit Künstlicher Intelligenz und der bereits gesammelten historischen Daten präzise Aussagen bezüglich Nachfrageprognosen und der Absatzplanung gestellt werden. In Folge dessen ist es möglich Ressourcen wie Zeit, Geld und Material einzusparen, da fehlerhafte Schätzungen reduziert und die dadurch entstehenden Kosten optimiert werden.

Ein weiterer wichtiger Punkt ist hierbei, dass es möglich ist die Transparenten Vernetzung, die K.I. mit sich bringt. Präzise Abschätzungen über die Auslastung von Lagern und Transportdienstleistern ermöglichen eine optimale Nutzung der Ressourcen. Ein weiterer Mehrwert entsteht aufgrund der im Vorfeld beschrieben Optimierung von Transportrouten. Dank der Optimierung von Transportrouten, kann die Zustellung so schnell und effizient wie möglich gestaltet werden. Wodurch im weiteren Fortgang die Liefertreue und somit auch die Kundenzufriedenheit nachhaltig steigt. Dies hat nicht nur einen wirtschaftlichen Aspekt, sondern auch einen ökologischen. Im Zuge dessen, dass Fahrtrouten optimiert werden, reicht eine Tankfüllung für eine längere Distanz als bisher, wodurch der CO_2-Fußabdruck zugleich mit reduziert wird.

5.2. Risiken

Auch, wenn K.I. viele Potentiale bietet, bringt dies durchaus auch Herausforderungen mit sich. Die erste Hürde ist fehlendes Fachpersonal. Ein wichtiger Punkt ist hierbei, dass qualifizierte IT-Experten von Nöten sind, welche die komplexe Integration in die bestehende Systemlandschaft implementieren können. Da das Thema Künstliche Intelligenz noch nicht in jedem Bereich vollständig angekommen ist, gibt es zum aktuellen Stand noch nicht viele Fachexperten. Der beste Algorithmus ist wertlos, wenn dieser nicht eingebunden werden kann, beziehungsweise das Know-how nicht vorhanden ist, diesen zu nutzen.

Ein Punkt der vor allem kleinere und mittelständische Unternehmen ein Problem bereiten werden sind der hohe Investitionsaufwand von Zeit und Geld. Falls das nötige Know-how wie zuvor beschrieben, nicht im Unternehmen bereits vorhanden ist müssen externe IT-Spezialisten zur Beratung gezogen werden. Ein weiterer Kostenfaktor ist die nötige IT-Infrastruktur. Falls im Vorfeld noch keine IT-basierte Infrastruktur aufgebaut wurde, ist dies unabdingbar, damit eine reibungslose Kommunikation über A.I. mittels IoT-Schnittstellen gewährleistet werden kann. Nicht zu vergessen ist der Punkt der Kultur und Haltung des Unternehmens. Allgemein ist bekannt, dass es immer Ängste bezüglich Veränderungen gibt, sei es aufgrund von Unwissenheit oder der Angst des Verlustes des Arbeitsplatzes. Damit diese Barrieren frühzeitig gelöst beziehungsweise durchbrochen werden, ist es wichtig rechtzeitig mit allen Mitarbeitern über die Art der Veränderung zu kommunizieren um Missverständnisse und Missgunst zu beseitigen.

Ein weiterer Faktor, der eine Herausforderung für Einsatzmöglichkeiten in der Supply Chain stellt ist, die Dokumentation der Prozesse. Ein Mehrwert durch Künstliche Intelligenz kann nur dann entstehen, wenn alle Prozesse der SC lückenlos dokumentiert sind. Dafür müssen alle Teilnehmer der Supply Chain ihre Daten lückenlos dokumentiert haben. Sollte die Dokumentation Lücken oder Fehler aufweisen, so ist es der K.I. nicht möglich, einen Mehrwert zu generieren, da nicht alle Daten betrachtet werden können. Doch nicht nur die Quantität der Daten ist von unsagbarer Dringlichkeit. Anwendungen welche auf Künstlicher Intelligenz basieren benötigen, wie im Vorfeld beschrieben qualitativ hochwertige Daten, um das volle Potential ausschöpfen zu können. Je höher die Datenqualität, desto höher ist die Güte der Funktion im späteren Anwendungsbereich. Somit kann man sagen, je besser die Lerninhalte sind, welche der Algorithmus zum Trainieren nutzt, umso besser kann dieser die gelernten Inhalte in der Zukunft auf andere Aufgaben transferieren. Dies ist mitunter die größte Herausforderung.

6. Fazit

Das Zeitalter der Digitalisierung schreitet immer weiter voran und bringt neue Technologien mit sich. Wie alle anderen Geschäftsbereiche, ist auch die Logistik stark von dieser Veränderung betroffen. Digitalisierung ist seit langem kein „Neuland" mehr, sondern eine Herausforderung, die von jedem Unternehmen ernstzunehmend betrachtet werden muss. Damit auch in Zukunft Unternehmen, mit hoher Flexibilität gegenüber inhomogenen Kundenansprüchen, punktgenauen Lieferungen und Kosteneffizienz überzeugen können, ist es für diese unabdingbar neue Technologien zu nutzen um nicht vom Markt verdrängt zu werden.

Eine dieser Technologien, welche die Digitalisierung mit sich bringt, ist die Künstliche Intelligenz. Keine andere Technologie beeinflusst die Wirtschaft zum aktuellen Stand so enorm wie Artificial Intelligence. Da Logistiknetzwerke in ihrer Gesamtheit extrem komplex sind und die Logistik allgemein regelbasiert ist, folgt daraus, dass sich die Algorithmen der Artificial Intelligence sehr gut für die Anwendung im Bereich der Logistik prädestinieren. Dies zeigt beispielsweise Bedarfsermittlungen auf, welche mit deterministischen und stochastischen Methoden bestimmt werden. Doch nicht nur am Beispiel der Bedarfsermittlung sieht man, dass K.I. basierte Systeme im Bereich der Supply Chain sinnvoll sind. Im kompletten Bereich der Auftragsabwicklung, der Nachfrageprognose, der Routenplanung und Optimierung aber auch bei Autonomen Vehikel kann mit Künstlicher Intelligenz der langfristige Unternehmenserfolg sichergestellt werden. Nicht zu vergessen ist, dass K.I. Systeme die Möglichkeit bieten die Transparenz in der Supply Chain zu erhöhen, wodurch Effekte wie der Bullwhip verringert oder gar eliminiert werden.

Aufgrund der dargelegten Argumente dieser Arbeit, zeigt sich, dass der Trend im Bereich des Supply Chain Management stark in die Richtung der intelligenten IT-Systeme geht. Da durch den Einsatz dieser intelligenten Systeme Planungsprozesse optimiert und Lieferzeiten verkürzt werden, kann hierdurch signifikante Verbesserung, der Wertschöpfung stattfinden. Abschließend lässt sich sagen, dass die Integration von Künstlicher Intelligenz zwar einen hohen Realisierungsaufwand mit sich zieht, sowie die benötigten Informationen für den Algorithmus vorliegen müssen. Jedoch ist dies eine essentielle Technologie, welche für Unternehmen zum aktuellen Stand der Technik unumgänglich ist um einen langfristigen Unternehmenserfolg und Wettbewerbsvorteil sicher stellen zu können.

IV. Literaturverzeichnis

ADAC. *ADAC*. 24. 02 2020. https://www.adac.de/rund-ums-fahrzeug/ausstattung-technik-zubehoer/autonomes-fahren/grundlagen/auto-automatisiert-funktion/ (Zugriff am 24. 12 2020).

AWS Amazon. *AWS Amazon*. o.J. https://aws.amazon.com/de/forecast/?c=ml&sec=srv (Zugriff am 16. 12 2020).

Beckmann, Holger. *Supply Chain Management - Strategien und Entwicklungstendenzen in Spitzenunternehmen*. Berlin, Heidelberg: Springer-Verlag, 2004.

Bertagnolli, Frank. *Lean Management - Einführung und Vertiefung in die japanische Management Philosophie*. Wiesbaden: Springer Gabler Verlag, 2018.

Buxmann, Peter, und Holger Schmidt. *Künstliche Intelligenz - Mit Algorithmen zum wirtschaftlichen Erfolg*. Berlin: Gabler Verlag, 2019.

Cole, Tim. *Erfolgsfaktor Künstliche Intelligenz - KI in der Unternehmenspraxis: Potenziale erkennen - Entscheidungen treffen*. München: Carl Hanser Verlag, 2020.

Döbel, Inga, et al. „Maschinelles Lernen - Eine Analyse zu Kompetenzen, Forschung und Anwendung." *Maschinelles Lernen - Eine Analyse zu Kompetenzen, Forschung und Anwendung*. Herausgeber: Fraunhofer-Gesellschaft zur Förderung der angewandten Forschung e.V. München, 2018.

Europäisches Parlament (2019): Selbstfahrende Autos in der EU: Science Fiction wird Realität. https://www.europarl.europa.eu/news/de/headlines/economy/20190110STO23102/selbstfah-rende-autos-in-der-eu-science-fiction-wird-realitat (Zugriff am 30.12.2020).

Lämmel, Uwe, und Jürgen Cleve. *Künstliche Intelligenz - Wissensverarbeitung - Neuronale Netze*. München: Carl Hanser Verlag, 2020.

Meitinger, Therese. *Logistik Heute*. 28. 06 2020. https://logistik-heute.de/news/transport-ki-optimiert-zustellrouten-und-haltesequenzen-30980.html (Zugriff am 28. 12 2020).

Moroff, Nikolas. *it-daily.net*. 24. 6 2020. https://www.it-daily.net/it-management/industrie-rpa/24541-machine-learning-revolutioniert-die-bedarfsprognose (Zugriff am 11. 12 2020).

Muchna, Claus, Hans Brandenburg, Johannes Fottner, und Jens Gutermuth. *Grundlagen der Logistik - Begriffe, Strukturen und Prozesse.* Wiesbaden: Springer Gabler, 2018.

Ortiz, Cesar. (2020): KI, ML, DL – was genau war das doch gleich noch mal https://blogs.oracle.com/de-cloud/der-unterschied-zwischen-ki-ml-dl (Zugriff am 30.12.2020).

Schick, Uwe. *news.sap.com.* Herausgeber: SAP. 20. 03 2018. https://tinyurl.com/sap-kuenstliche-intelligenz (Zugriff am 05. 11 2020).

Schuster, Heidemarie. *IT Business.* 03. 07 2018. https://www.it-business.de/was-ist-fulfillment-a-789537/ (Zugriff am 14. 12 2020).

Thonemann, Ulrich. *Enzyklopädie der Wirtschaftsinformatik - Online-Lexikon.* Herausgeber: Universität Potsdam Lehrstuhl für Wirtschaftsinformatik. 15. 05 2020. https://www.enzyklopaedie-der-wirtschaftsinformatik.de/lexikon/informationssysteme/crm-scm-und-electronic-business/Supply-Chain-Management/Planung-in-Lieferketten-und--netzwerken/Nachfrageplanung-im-SCM/index.html#:~:text=Die%20Prognose%20der%20zuk%C3%BCn (Zugriff am 07. 12 2020).

Voß, Peter H. *Logistik - die unterschätzte Zukunftsindustrie "Strategien und Lösungen entlang der Supply Chain 4.0".* Wiesbaden: Springer Fachmedien Wiesbaden GmbH, 2020.

Wennker, Phil. *Künstliche Intelligenz in der Praxis - Anwendung in Unternehmen und Branchen: KI wettbewerbs- und zukunftsorientiert einsetzen.* Wiesbaden: Springer Gabler Verlag, 2020.

Zack, Karen. (2016a): shiba or marshmallow? https://twitter.com/teenybiscuit/status/708455344461127680 (Zugriff am 30.12.2020).

Zack, Karen. (2016b): chihuahua or muffin? https://twitter.com/teenybiscuit/status/707727863571582978 (Zugriff am 30.12.2020).

Zalando. 29. 08 2019. https://corporate.zalando.com/de/newsroom/de/storys/roboter-auf-reisen (Zugriff am 21. 12 2020).

Zalando. 27. 11 2019. https://corporate.zalando.com/de/newsroom/de/news-storys/smart-shoppen-dank-kuenstlicher-intelligenz (Zugriff am 21. 12 2020).